Claus Weber

Trockenzeit – Regenzeit

Trockenzeit – Regenzeit

Auf dem Land in Bolivien

Texte und Fotos von Claus Weber

Für Marion Knögel
in Dankbarkeit für ihre Mitwirkung
im Konzert am 19.3.2000 in Koblenz.

Claus Weber

Paulinus

Die Deutsche Bibliothek – CIP-Einheitsaufnahme

Weber, Claus:
Trockenzeit – Regenzeit : auf dem Land in Bolivien / Texte und Fotos von Claus Weber. – 1. Aufl. – Trier : Paulinus, 1996
ISBN 3-7902-0094-8
NE: HST

Gestaltung: Wolfgang Heid
1. Auflage 1996
Gesamtherstellung: Paulinus-Druckerei GmbH, Trier
ISBN 3-7902-0094-8

Inhalt

Das Land und seine Bewohner

Bolivien.

Da sind die großen Städte
La Paz, Santa Cruz, Cochabamba, Sucre;

da sind die kleineren Städte wie
Tarija, Potosi, Oruro, Camiri, Tupiza;

da sind die ungezählten Dörfer, Weiler, Gehöfte,
Siedlungen, Hütten und Häuser;

aus ihnen kommen die Menschen dieses Buches,
Kinder, Frauen, Männer,

aus Muyupampa, Azurduy, Ticucha, Cumandaiti,
Sopachuy, Monteagudo, Tunal, Culpina,
Camargo, Tapera, Montegrande, Sapiranguimiri,
Kaysa, Taperillas, Huacareta, Ingre, Iti, Guaya,
Tururumba, Vergel, Incahuasi, Garivay...

Auf dem Land in Bolivien,
wie es die Erwachsenen sehen,
wie es die Kinder erleben.
Von ihrem Leben ist die Rede,
von ihrem Leben reden sie,
von Freude und Leid,
von Licht und Schatten,
in Schwarz und Weiß,
von Regen und Sonne,
von *Trockenzeiten*
und *Regenzeiten*.

Das ist Juan,
ein Junge aus dem Volk der Guaraní.

Sie lebten im heißen Tiefland,
in den subtropischen Wäldern.
Doch eines Tages wurden sie aus den Wäldern verjagt.
Weiße Eindringlinge fällten ihre Bäume
und nahmen ihnen das Land ab.
Heute sind die Guaranís Fremde im eigenen Land,
immer unterwegs, um einen Ort,
eine neue Heimat zu finden.

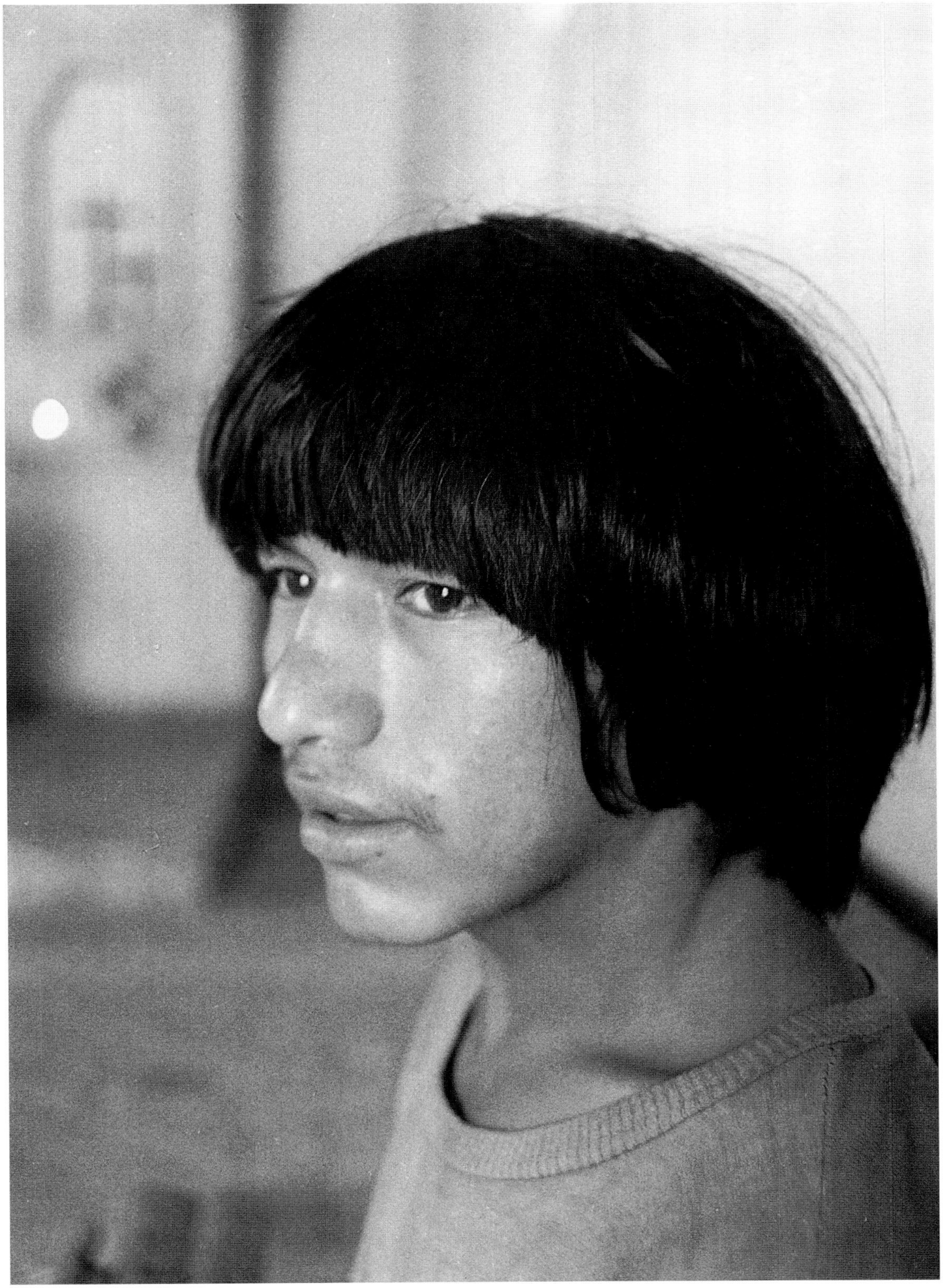

Carmen.

Sie kennt nicht ihren Vater,
weiß nichts von ihrer Mutter,
weiß nicht einmal, wie sie ins Dorf kam.
Fremd bei Fremden.
Eine Bekannte hat sie hier abgegeben,
für ein paar Tage.
Nun ist sie schon fünf Jahre hier.
Wen wundert's, daß sie mißtrauisch ist.

Schwarz in Bolivien

Aus Brasilien,
aus Venezuela,
aus Afrika.

In einer langen leidvollen Geschichte
kamen sie in das heiße Amazonasbecken.
Nur die Mutigsten wagen sich in die Städte
und auch dann nur,
wenn sie gut Fußball spielen können.

COOPERATIVA

José
aus Potosi,
aus Oruro,
aus Uyuni,
ganz gleich.
Auf jeden Fall Hochland,
viertausend Meter über dem Meeresspiegel.

Der Vater Minenarbeiter,
die Mutter ebenso.
José hütet ein paar magere Schafe.

Bald wird er mit seiner Familie ins Tiefland ziehen:
Die Lunge des Vaters hält die Höhe nicht mehr aus.
Als Rentner ohne Rente
wird er sich in der Landwirtschaft versuchen.
Es wird auf José ankommen.

Das Land ist weit,
das Land ist schön,
das Land ist arm.

Man ist viel unterwegs in Bolivien.
Händler durchqueren das Land,
um auch in den entlegensten Gehöften noch etwas zu verkaufen
oder zu tauschen.
Die Bauern,
soweit sie nicht an eine Cooperativa angeschlossen sind,
– und das sind die wenigsten –,
müssen sehen, wie sie ihre Produkte selbst in die Städte bringen.
Esel, Pferd, Lastwagen dienen als Transportmittel.

Lamas bringen Salz ins Tiefland.
Ihre Besitzer formen aus Lehm große Krüge.
Keiner kann es besser als sie.
Gezahlt wird in Mais:
Was in den Krug an Mais hineinpaßt, gehört dem Töpfer.
So einfach ist das.

Unterwegs sind auch die vielen,
die ihr Haus, ihr Dorf, ihre Stadt verlassen,
um irgendwo im Ausland, in Brasilien, Argentinien oder Chile
Arbeit zu suchen, weil im eigenen Land nicht zu überleben ist.

Psalm

In unseren ausgeraubten Schlössern hausen wir,
weinend, von Lasten gebeugt.
Wir denken an früher, und
unsere Charangos hängen schweigend
unter rauchigen Dächern.

Man will unsere fröhlichen Lieder hören von früher,
die Musik unserer Götter;
und das auf verbranntem Land.

Singt, spielt, tanzt über der Asche!

Die Zunge klebt mir am Gaumen,
die Lippen öffnen sich nur
zum »Ay Ay« der Trauer.

Kann ich vergessen, wie sie uns herumjagten
im Rhythmus der Peitschen,
Söhne der Hure, Könige der Folter?
Glücklich, wer euch ein Ende macht,
glücklich, wer euch in unseren Bergen besiegt.

(Nach Psalm 137)

Arbeiten
auf dem Land

Auf dem Feld helfen wir Kinder mit:

Mais säen,
Mais ernten,
Baumwolle pflücken,
Erdnüsse schälen,
Kartoffeln legen,
Kartoffeln ausmachen,
Zuckerrohr schlagen,
Zuckerrohr auspressen,
Schafe und Ziegen auf die Weide führen,
Brennholz sammeln,
Unkraut jäten,
Apfelsinen ernten,
Bewässerungsgräben ziehen,
Papageien aus den Maisfeldern verscheuchen
und...

Wir helfen überall da, wo wir gebraucht werden,
und wir werden fast überall gebraucht.

Wenn es nicht regnet
– und es regnet oft nicht –,
gibt es bei uns
keinen Mais,
keinen Reis,
keine Baumwolle,
keine Kartoffeln,
keine Bohnen,
keine Bananen,
und auch sonst keine der guten Früchte;

deshalb sind wir arm.

Wenn es aber regnet,
dann gibt es bei uns
Mais,
Reis,
Baumwolle,
Kartoffeln,
Bohnen,
Bananen
und viele andere schöne Früchte.

Dann könnten und würden wir gern etwas davon verkaufen,
um Geld zu haben für
Kleider,
Hefte,
Schuhe
und andere schöne Dinge.
Doch die Händler wissen, daß alle verkaufen wollen
und zahlen daher ganz schlechte Preise.
Damit können wir gerade das neue Saatgut kaufen.

Also bleiben wir arm.

Arbeiten, Lernen, Spielen, Arbeiten:
Das ist der Rhythmus der Kinder auf dem Land.

Gut, daß es wenigstens ab und zu ein Fest gibt:
Hochzeit, Kindtaufe, Kirmes, Allerheiligen,
oder wenn eine Fußballmannschaft aus einem anderen Dorf kommt.
Aber auch wenn jemand gestorben ist und seiner gedacht wird,
suchen die Erwachsenen die Not des Alltags beim Feiern zu vergessen.
Alkohol und Musik helfen dabei.
Ein- oder zweimal im Jahr treffen sich viele Musikgruppen in ihren
bunten Trachten im Hauptdorf oder der kleinen Stadt und
verschönern dort die Prozessionen zu Ehren der Heiligen
oder feiern einfach mit allen anderen zusammen Karneval.

Kinder dürfen immer dabei sein,
sie stören nicht.
So lernen sie feiern und leben.

Psalm

Lobt den Herrn, wo immer es sei,
Lobt ihn in eurem schönen Land.
Lobt ihn bei euren Festen und Feiern.
Freut euch, zu spielen vor ihm.

Lobt ihn mit Gitarrenklang.
Lobt ihn mit Quena und Flauta.
Lobt ihn mit Sikuri und Bombo.
Lobt ihn mit Sampoña und Caña.
Lobt ihn beim Schlag des Charangos.
Mit Trompeten und Geigen lobt ihn.
Lobt ihn mit Queca und all euern Tänzen.

Alles was lebt, lobe den Herrn.

(nach Psalm 150)

Lernen auf dem Land

Die Häuser sind weit verstreut,
der Weg zur Schule mühsam und lang.
Die glühende Sonne schwächt uns,
der Regen weicht die Pfade auf.
Einige haben einen Schulweg von mehr als einer Stunde,
alles zu Fuß, den Esel braucht der Vater beim Arbeiten.
Nicht alle Schulen haben Bänke und Tafeln,
Fenster und Türen. Im Winter ist es sehr kalt.
Nach drei bis vier Jahren verlassen die meisten die Schule,
weil sie ihren Eltern helfen müssen
oder in die Stadt gehen, um Geld zu verdienen.
Das bißchen Schreiben und Lesen haben sie dann bald vergessen.
In den großen Dörfern ist es besser.
Da kennt man sogar Kindergärten, Sportplätze,
und wer will, kann es dort zu einem richtigen
Schulabschluß bringen.
Nur fällt der Unterricht oft aus, weil die Lehrer aus Protest gegen
die sozialen Verhältnisse im Land ständig streiken.
Das kommt so oft vor, daß es selbst den Schülern zuviel ist.
Gelernt wird aber auch außerhalb der Schule.
Hauswirtschaftskurse bietet die Pfarrei an,
Mädchen lernen Nähen, Stricken und Kochen.
Über Radio können auch Erwachsene noch Schreiben
und Rechnen lernen.

Zu Hause sprechen wir

quechua
aymara
ayoreo
guaraní
trinitario

je nachdem, zu welchem Volk wir gehören.

In der kleinen Schule aus Lehm lernen wir dann Spanisch.
Das ist für uns eine fremde Sprache von fremden Menschen.
Wer Verwandte in der Stadt hat, kann die Höhere Schule besuchen.
Dort lernen sie Englisch.
Man sagt, das sei sehr wichtig heute.
Wieder etwas Fremdes.
Und wenn dann noch jemand auf die Universität geht
oder im Ausland studiert,
dann verlernt er wieder

quechua
aymara
ayoreo
guaraní
trinitario

oder er schämt sich,
es zu sprechen.

Die Familie

Sie leben unter einem Dach.
Egal, ob das Dach mit Palmwedeln, gebrannten Ziegeln, Schilf, Wellblech oder gestampftem Lehm gedeckt ist.
Es ist Platz da, vom Neugeborenen über die zahlreichen Kinder bis hin zu den alten, oder zumindest sehr alt erscheinenden Großeltern.
Altenheime kennt man nur in der Stadt.

Die Zahl der Kinder in den einzelnen Familien geht auch auf dem Land beständig zurück.
Und das, obwohl die Kindersterblichkeit abgenommen hat.
Familienplanung ist kein Fremdwort mehr.
Schulausbildung und bessere Ernährung kosten Geld.
Was für drei Kinder gerade noch reicht, ist für acht einfach zu wenig.
Und eine bessere Zukunft für ihre Kinder wollen alle Eltern.

Zu Hause:
Leben und Arbeit

Kein Strom,
kein Fernseher,
keine CD's,
keine Kaffeemaschine,
keine Mikrowelle,
kein Kühlschrank,
keine Tiefkühltruhe,
keine Anbauküche,
keine Waschmaschine,
kein Wäschetrockner,
kein Staubsauger,
kein Teppichboden,
kein fließendes Wasser,
kein Badezimmer,
keine Federbetten,
kein Telefon,
kein Omnibus,
kein Supermarkt,
kein Auto,
kein Zweitwagen,
kein Fahrrad,
keine Rollschuhe,
kein Skateboard,
kein Urlaub,
keine Ferienreise.

Ist es trotzdem möglich zu leben?
Vielleicht sogar glücklich zu sein?
Es ist möglich.
Es gibt ja noch andere schöne Dinge.

Bolivianisches Kinderlied

Desde Santa Cruz me vine en carretón
porque no se vuelca igual que un camión
Se gasta más tiempo
y también comida,
pero no hay peligro de perder la vida.

Tengo mi yegüita como bicicleta
que corre más fuerte que una camioneta;
A esa camioneta; que le pasará?
No le falta nada, no quiere andar.

Métale primera,
métale segunda,
métale tercera y acelérela.

Desde Santa Cruz me vine en carretón...

Ich komm aus Santa Cruz und zwar im Ochsenkarren.
Der überschlägt sich nicht so leicht wie ein Lastwagen.
Man braucht zwar mehr Zeit,
mehr Essen und Geduld unterwegs,
doch dafür bleiben die Knochen heil.

Ich habe mein kleines Pferdchen,
wie andere ihr Fahrrad.
Doch was ist heute los mit ihm?
Es fehlt ihm nichts und es will doch nicht laufen.

Leg den ersten Gang ein,
leg den zweiten ein,
wirf den dritten rein und gib Gas.

Ich komm aus Santa Cruz und zwar im Ochsenkarren...

Arm auf dem Land

Psalm

Meine Augen suchen Dich, Herr.

So wie die Augen der Menschen die Dinge betrachten
und wie einer, der am Steuer sitzt,
die Straße im Auge behält,
so schaue ich aus nach Dir,
Herr unser Gott,
bis Du Dich unser erbarmst.

Ja, erbarme Dich unser, Herr:
habe Mitleid mit uns,
denn sie lachen uns aus.

Über und über satt ist unser Herz
von der Überheblichkeit derer,
die etwas zu besitzen glauben
und die uns mit ihrem Reichtum verspotten.

(Nach Psalm 121)

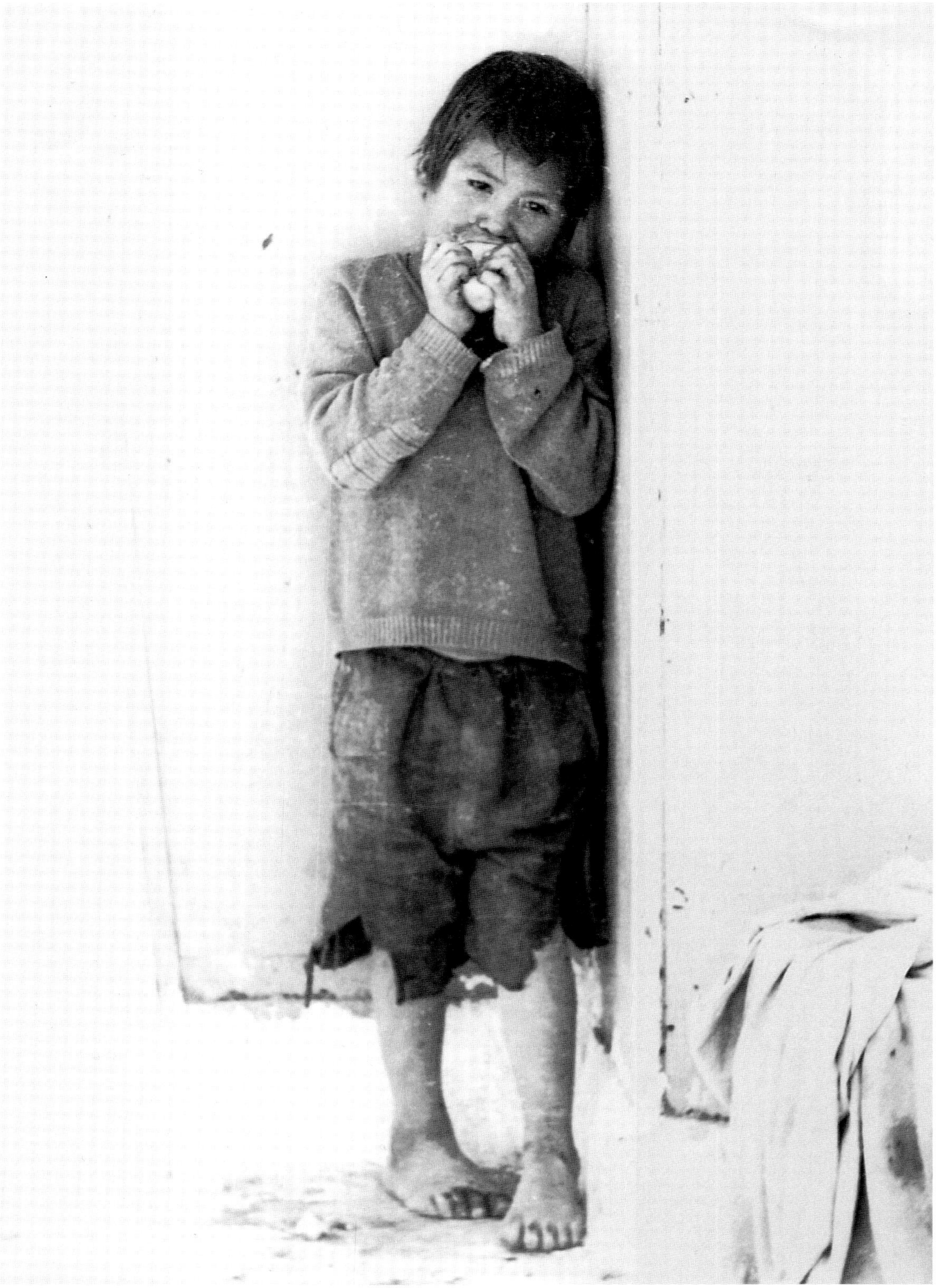

Lukas sechzehn

Es war ein reicher Mann,

ein weißer Mann,
einer ohne Namen,
nur ein Mann,
ohne Gesicht,
ohne Herz,
nur reich,
sonst nichts,

der Tag für Tag sein Leben genoß.

der sich nahm, was er brauchte,
der hatte, was er wollte,
dessen Leben satt war,
der selbst satt war, so satt,
daß er nicht mehr aus den Augen sehen konnte,
z. B. auf Lazarus.

Ein Armer namens Lazarus,

namens Pablo,
namens José,
namens Seri,
namens Lal Bahadur,
namens Abdul,

lag vor der Tür,

in den Slums von Tonto und Lima,
in den Bergwerken von Soweto und Potosí,
auf den Müllkippen von Kairo,
vor den internationalen Wirtschaftsabkommen,
vor den Industrieanlagen,
vor den Zollschranken,

dessen Leib von Geschwüren bedeckt war

dessen Land ausgebrannt war,
dessen Minen geplündert waren,
dessen Götter gestürzt waren,
dessen Brunnen vergiftet waren.

Zum Überleben hätte genügt, was vom reichen Tisch abfiel,

was weggeworfen wurde,
was unnötig war, überflüssig,
was man weggeben kann, ohne es zu spüren,
was einem sowieso nicht gehört.

Aber nein.

No. Non. Njet.

Doch die Hunde kamen und leckten an seinen Geschwüren.

Die, die selbst getreten werden, trösten.
Die, die selbst nichts haben, teilen.
Die, die kein Herz haben, leiden mit.
Die, die keinen Verstand haben, verstehen.
Die Hunde haben das Fell gewechselt.

Der Arme starb,

erblindete, verkrüppelte,
verhungerte, verfaulte,
verendete.

Der Reiche starb und wurde begraben,

gelobt,
gesegnet,
beigesetzt,
zu Grabe getragen,
zur letzten Ruhe gebettet.

Krank auf dem Land

Kein Weg,
kein Krankenwagen,
kein Arzt.

Gesundbeter,
Medizinmänner,
Wunderheiler,
Champiris,
Curacas:
Naturheilkunde,
Volksweisheit,
meist gute Traditionen.
Aber diese Kunst beherrschen immer weniger.

Die moderne Medizin mit Tabletten und Spritzen ist für viele nicht zu bezahlen. Operationen bedeuten oft den wirtschaftlichen Ruin einer Familie.
Kirchliche Hilfe ist nicht überall anzutreffen, staatliche ist zu unzuverlässig.

Todos Santos – Allerheiligen

Totengedenken
mit Essen und Trinken,
Musik und Gesang,
Gebeten und Tränen.

Die Kinder ziehen in kleinen Gruppen von Grab zu Grab, beten nach vorgeschriebenen Regeln und erhalten dafür Süßigkeiten, Brot und Früchte.
Die Erwachsenen sitzen um das Grab wie um einen Tisch.
Die Seele des Verstorbenen ist für diesen Tag aus dem Jenseits zurückgekehrt. Zu seiner Ehre wird Musik gemacht und getrunken, viel getrunken, aus Freude, daß der Tote da ist und auch aus Freude darüber, daß man selbst noch lebt.

BICTOR MONTAÑO